BEI GRIN MACHT SICH I
WISSEN BEZAHLT

Meine paradoxe Erfahrung von Komik in Herta Müllers "Atemschaukel"

Vanya Gheorghita

Bibliografische Information der Deutschen Nationalbibliothek:

Die Deutsche Nationalbibliothek verzeichnet diese Publikation in der Deutschen Nationalbibliografie; detaillierte bibliografische Daten sind im Internet über http://dnb.d-nb.de abrufbar.

ISBN: 9783346876485
Dieses Buch ist auch als E-Book erhältlich.

© GRIN Publishing GmbH
Trappentreustraße 1
80339 München

Druck und Bindung: Books on Demand GmbH, Norderstedt Germany
Gedruckt auf säurefreiem Papier aus verantwortungsvollen Quellen

Das vorliegende Werk wurde sorgfältig erarbeitet. Dennoch übernehmen Autoren und Verlag für die Richtigkeit von Angaben, Hinweisen, Links und Ratschlägen sowie eventuelle Druckfehler keine Haftung.

Das Buch bei GRIN: https://www.grin.com/document/1359235

Ludwig-Maximilians-Universität München
Institut für Deutsche Philologie
Hauptseminar: Komische Figuren - Figuren des Komischen
WS 2009/2010

Meine paradoxe Erfahrung
von Komik
in Herta Müllers *Atemschaukel*

Inhaltsverzeichnis

1 Das ist nicht zum Lachen!

   1.1 Erinnerungsbericht: Lesung mit Herta Müller aus Atemschaukel _____3

   1.2 Der Gedanke hinter dieser Arbeit_____4

2 Theoretische Überlegungen

   2.1 Wer sagt denn, dass das nicht zum Lachen ist?_____6

   2.2 „Humor ist, wenn man trotzdem lacht."_____8

   2.3 Komische Brücke über die Leerstelle im performativen Akt der Sinnkonstitution_____11

3 Konkret am Text

   3.1 Ubornaja – gemeinschaftlicher Klogang_____15

   3.2 Nur die Läuse durften sich rühren an uns_____17

   3.3 Fußkultur_____19

   3.4 Planton-Kati – unverbesserlich und hilflos_____20

   3.5 Kochrezepte erzählen ist eine größere Kunst als Witze erzählen_____21

4 Abschließende Gedanken

   Literaturverzeichnis_____26

   Verzeichnis der Siglen_____27

1 Das ist nicht zum Lachen!

1.1 Erinnerungsbericht: Lesung mit Herta Müller aus *Atemschaukel*

Ort: Große Aula der LMU

Zeit: 12. November 2009, 20 Uhr

Der Raum der großen Aula ist voller Menschen – Studenten, Dozenten, Lehrer, Journalisten, Publizisten und andere Wortliebhaber, die Herta Müller hören und sehen wollen. Endlich, nachdem Stefan Sienerth sie als Literaturnobelpreisträgerin gepriesen hat, die aus der Reihe der rumäniendeutschen Dichter zusammen mit Oskar Pastior und Paul Celan heraus sticht, nachdem er auf ihr historisch-biografisch gefärbtes Œuvre hingewiesen und an das Ausmaß der Deportation der deutschen Minderheiten in Osteuropa erinnert hat,[1] darf Herta Müller das Wort ergreifen. Sie beginnt, im eher hart klingenden rumäniendeutschen Akzent, aus ihrem neuen Roman *Atemschaukel* zu lesen. Unter anderem liest sie aus dem Kapitel *Taschentuch und Mäuse*:

> Im Lager gab es vielerlei Tücher. Das Leben ging von einem Tuch zum anderen. Vom Fußwickeltuch zum Handtuch, zum Brottuch, zum Meldekrautkopfkissentuch, zum Hausier- und Betteltuch und sogar zum Taschentuch, wenn man überhaupt eines hatte.
> Die Russen im Lager brauchten kein Taschentuch. Sie pressten das eine Nasenloch mit dem Zeigefinger zu und bliesen den Rotz durchs andere wie Teig auf den Boden. Dann pressten sie das saubere Nasenloch zu, und der Rotz spritzte durchs andere. Ich habe geübt, bei mir flog der Rotz nicht weg.[2]

Einzelne Lachanfälle bringen in kürzester Zeit eine größere Anzahl von Leuten zum Lachen. Es ist bei weitem nicht die Masse, die lacht. Es sind eher Lachinseln zu vernehmen. Einzelne inmitten dieser Inseln bringen keine Lachmuskeln in Bewegung. Herta Müller bricht ab. Sie wirft einen ernsten Blick durch den Saal. Den Leuten bleibt das Lachen im Hals stecken. Als würde sie mit vorwurfsvoller und dennoch nicht verurteilender Stimme sagen: „Das ist nicht zum Lachen!" Sie setzt ihre Lesung fort:

1 Stefan Sienerth: Bilder der Deportation – ausdrucksstark und präzise. Einführung in die Münchner Lesung Herta Müllers aus ihrem Roman *Atemschaukel,* in: Spiegelungen 4/4 (2009), S. 333-337.
2 Herta Müller: Atemschaukel, München: Carl Hanser ¹2009, S. 76; im Folgenden zitiert unter AS, alle Seitenangaben im laufenden Text beziehen sich auf diese Ausgabe.

Niemand im Lager nahm zum Naseputzen ein Taschentuch. Wer eines hatte, brauchte es als Beutel für Zucker und Salz. Wenn es ganz zerrissen war, als Klopapier. Einmal bekam ich ein Taschentuch geschenkt von einer Russin. Es war sehr kalt. Mich trieb der Hunger. (AS, S. 76)

Ich selbst konnte nicht mitlachen. Ich hatte das Buch gelesen und abermals gelesen. Kurz davor hatte ich einigen Kommilitonen, die das Buch noch nicht gelesen hatten, ausgewählte Stellen vorgetragen. Außerdem kann ich selbst einige Personen im Familien- und Bekanntenkreis nennen, die in Russland entweder gestorben oder gezeichnet zurückgekehrt sind. Die Überlebenden kennzeichnen sich unter anderem dadurch aus, dass sie monatlich eine kleine staatliche Rente bekommen.

– Und dennoch: Ich habe gelacht. Ich habe leise in mich hinein gelacht, nämlich darüber, dass die Hörer beim Lachen erwischt worden sind. Noch jetzt bin ich erstaunt und fasziniert von diesem Augenblick des Verstummens mitten im Lachen.

1.2 Der Gedanke hinter dieser Arbeit

Diese Erfahrung hat mich dazu bewogen, in der *Atemschaukel* nach Stellen zu suchen, die mich zum Lachen bringen. Und ich bin fündig geworden: Ich habe sowohl Stellen im Text gefunden, die mich zum Lachen bringen, als auch solche, die explizit das Lachen thematisieren. In dieser Arbeit werde ich mich mit einigen ausgewählten Textstellen auseinandersetzen, die mich zum Lachen gebracht haben.

Herta Müllers *Atemschaukel* ist kein Werk, dass sich ausdrücklich über humoristische Mittel mit der Thematik der Zwangsdeportation der Rumäniendeutschen auseinandersetzt, wie etwa Bernhard Ohsams *Eine Handvoll Machorka* (1958). Edith Konradt bemerkt zu Ohsams Roman: „eine betont humoristische, zugleich aber nicht minder realistische Darstellung […], wobei der Realismus ‚auf der Strecke bleibt‘, der Humor hingegen ‚zum Selbstzweck gerät‘".[3]

Im Folgenden möchte ich mich mit der Problematik, die dieses Lachen – d.h. mein Lachen über Textausschnitte aus der *Atemschaukel* – aufwirft, auseinandersetzen, indem ich folgende Fragen zu beantworten versuche:

- *Darf* gelacht werden?
- *Was* ist denn zum Lachen? *Warum* wird gelacht?
- Wo bietet der *Text* einen Anschluss für Komik, für Lachen?

---

3 Edith Konradt: „Da komm ich nicht weg" – Herta Müllers Deportationsroman *Atemschaukel* im Spannungsfeld von Historie, Biografie und Fiktion, in: Spiegelungen 5/3 (2010), S. 32.

- Woran mache ich fest, dass bei mir als *Rezipientin* eine höhere Wahrscheinlichkeit gegeben ist, dass ich über einen Text lache?

Bei der Analyse der Texte gehe ich davon aus, dass Lachen und Komik bzw. Humor grundsätzlich zusammen gehören. Humor sehe ich dabei mit Jörg Räwel als Kommunikationsmedium, dessen Funktion darin besteht, Gesellschaft zu reflektieren. Räwel definiert Humor wie folgt:

> Humor ist generell auf Konventionen als standardisierten Erwartungen (Strukturen) an Kommunikation bezogen. Wir können auch sagen: Dass [sic] Medium des Humors ist das mithin auch durch die etablierten symbolisch generalisierten Kommunikationsmedien erzeugte Meer an kommunikativen Strukturen. Der Humor gewinnt Form gerade dadurch, dass es vorhandene Strukturen (also schon Unterschiedene) unterscheidet: also bestimmten Erwartungen, Konventionen gerade *nicht* gerecht wird und so für Überraschung, für Innovation, für Variierung von (zumindest latent) Bekanntem, die Variierung von Stereotypen oder Schematismen sorgt. Humor als Kommunikationsmedium ist als *Reflexionsmedium* zu verstehen. Gerade darin ist seine *Funktion* zu sehen. Humor dient der Beobachtung von Beobachtungen, dient der Beobachtung zweiter Ordnung. In loser Koppelung schon Unterschiedenes (Konventionen, Stereotypen als Medium) wird im Medium des Humors erneut unterschieden und gewinnt auf diese Weise, in erneuter strikter Koppelung kommunikativer Strukturen, humoristische Form.[4]

Um Humor als Reflexionsmedium von anderen Reflexionsmedien, wie dem der Kunst, zu unterscheiden, ergänzt Räwel: „Im Humor geschieht Reflexion (als Operation) um der Reflexion (als Code) willen."[5] Reflexion setzt immer einen Reflektierenden voraus: Dieses reflektierende psychisch-physische System bin in diesem Falle ich als Leserin des Textes. Ich trage wesentlich dazu bei, Sinn zu konstituieren und bin auch das Medium, in dem der Akt des Humors in Erscheinung tritt.

---

4 Jörg Räwel: Humor als Kommunikationsmedium. Konstanz: UVK Verlagsgesellschaft mbH 2005, S. 35f.
5 Jörg Räwel: Humor als Kommunikationsmedium, S. 37.

2 Theoretische Überlegungen

2.1 Wer sagt denn, dass das nicht zum Lachen ist?

In der Lesung war es der Blick Herta Müllers, der sprachlos mitteilte, dass Lachen an dieser Stelle unpassend war. Das Lachen der Hörer bei der Lesung war wie ein Fremdkörper, eine Inkongruenz, wie eine unangenehme Irritation, die eine wunde Stelle getroffen hatte.

Diese Irritation ist für mich Zeichen konfligierender Diskurse, nämlich eines humoristischen und eines moralischen Diskurses. Die Begründung dafür, dass sich hier der moralische Diskurs einschaltet, sehe ich in der Erklärung Luhmanns zur Problematik der Moral: „In normal everyday interaction, after all, morality is not needed anyway; it is always a symptom of the occurrence of pathologies".[6] Der Grund der Pathologie in diesem konkreten Fall – die Lesung mit Herta Müller – liegt auf der Hand: die Deportation in russische Arbeitslager unter unmenschlichen Zuständen von rund 75.000 Rumäniendeutschen als Kriegsentschädigung für den 2. Weltkrieg in der Zeit vom 1. Januar 1945 bis Jahresende 1949. Diese Tatsache will ich mit Arlena Jung[7] einen nicht zu übersehenden Realitätsunterbau[8] nennen.

Aufgrund des oben genannten Realitätsunterbaus kann im Falle von Betroffenheit eine mögliche humoristische Kommunikation reflexartig von der sich überlagernden moralischen Kommunikation blockiert werden. Moralische Kommunikation als Reflexmedium verhindert die reflexive Handlung der humoristischen Kommunikation und wirkt wie ein Wachhund, der bei Gefahr zu bellen anfängt; dadurch bereitet er auf eine schnelle Reaktion bei Bedrohung der Systemstabilität und -integrität vor.[9]

---

6 Niklas Luhmann: Art as a Social System, zitiert nach Hans-Georg Moeller: Luhmann Explained. From Souls to Systems. Chicago and La Salle/ Illionois: Open Court 2006, S. 109.

7 Arlena Jung: Identität und Differenz. Sinnprobleme der differenzlogischen Systemtheorie. Bielefeld: transcript 2009.

8 In ihrem Buch *Identität und Differenz. Sinnprobleme der differenzlogischen Systemtheorie,* in dem sie die These aufstellt, dass die „theoriearchitektonische Notwendigkeit von identitätslogischen Konzepten in Luhmanns Systemtheorie nicht als Scheitern der Theorie verstanden werden muss" (S. 215), schreibt Arlena Jung auf S. 168: „Wie die Umwelt – hier nicht als systemintern konstituiertes, sondern als jenseits des Systems Gegebenes verstanden – trotz der selbstreferentiellen, operativen Geschlossenheit des Systems als Irritationsquelle fungieren kann, wird erst vor dem Hintergrund des Konzepts eines Realitätsunterbaus verständlich."

9 Niklas Luhmann schreibt in *Die Gesellschaft der Gesellschaft* (Frankfurt a.M.: Suhrkamp [1]1998): „Manches deutet vielmehr darauf hin, daß die Moral jetzt eine Art Alarmierfunktion übernimmt. Sie

Während humoristische Kommunikation auf der Beobachtungsebene zweiter Ordnung angesiedelt ist, bezieht sich Moral auf die Beobachtung erster Ordnung. Moralische Kommunikation ist die Kommunikation von Betroffenheit: von Beobachtungen, die objektiv sind – in dem Sinne, dass in der Beobachtung erster Ordnung Dinge unreflektiert als Dinge, als nicht-kontingent und nicht-konstruiert *wahrgenommen* werden, *so* und nicht *anders* gesehen werden. Moralische Kommunikation, als die Kommunikation der Betroffenheit, reflektiert deshalb nicht, sondern stellt fest.[10]

In der folgenden Tabelle habe ich die Unterschiede zwischen Humor und Moral als Medien im sozialen Kommunikationsprozess, wie sie Jörg Räwel im Kapitel *Humor und Moral* beschreibt, festgehalten:[11]

Humor	Moral
reflektiert	*unreflektiert*
unbestimmt/ambivalent	*bestimmt*
kontingenzstiftend	*komplexitätsreduzierend*
langfristige Stabilität	*kurzfristige Stabilität*
Beobachtung 2. Ordnung	*Beobachtung 1. Ordnung*
Reflexionsmedium	*Reflexmedium*

Was diese Begriffe voneinander unterscheidet, ist der Faktor Zeit. Zielt Moral auf eine wirksame Reaktion im Dienste der operativen Geschlossenheit und Selbsterhaltung des betroffenen Systems hin, so bewirkt Humor durch Ambivalenz eine Verschiebung des Sinns in die ungewisse Zukunft und damit auch eine Relativierung des im moralischen Diskurs festgestellten Sinns, die von einer moralischen Instanz aufgrund von Missachtung bestraft werden kann.

Damit Humor wieder risikolos möglich ist – denn „[o]ne should, Luhmann says, be very cautious with morality and ‚only touch it with the most sterile instruments', since it is a ‚highly contagious substance' that easily infects communication"[12] – muss ein gewisser Abstand gewährleistet sein, der Betroffenheit überwinden kann.

> Damit eine Beobachtung eines Ereignis in der Form zweiter Ordnung möglich ist (eine *reflexive* Beobachtung), hat es sich zeitlich zu entparadoxieren. Ein Ereignis muss erst zeitlichen Abstand gewinnen, muss *historisiert* werden, damit es als kontingentes, interpretationsfähiges Ereignis

---

kristallisiert dort, wo dringende gesellschaftliche Probleme auffallen und man nicht sieht, wie sie mit den Mitteln der symbolisch generalisierten Kommunikationsmedien und in den entsprechenden Funktionssystemen gelöst werden könnten. Offenbar rekrutiert die Gesellschaft für gravierende Folgeprobleme ihrer eigenen Strukturen und vor allem ihrer Differenzierungsform moralische Kommunikation.", S. 404.

10 Jörg Räwel: Humor als Kommunikationsmedium, S. 175.
11 Jörg Räwel: Humor als Kommunikationsmedium, S. 171-187.
12 Hans-Georg Moeller: Luhmann Explained. From Souls to Systems, S. 113.

gesehen werden kann. Setzt eine Interpretation zu früh an, vermischen sich Beobachtung erster und zweiter Ordnung auf paradoxe Weise und ruft Moral auf den Plan, die Personen mit Missachtung straft, die die Dinge nicht sehen, wie die Dinge *offensichtlich objektiv sind*. Besonders deutlich wird dies auch in Bezug auf die nationalsozialistischen Verbrechen an den Juden – jede Interpretation setzt sich, gerade weil es sich um eine *Interpretation* handelt (eine Beobachtung zweiter Ordnung) und deshalb vom Duktus der Betroffenheit (als Beobachtung erster Ordnung) abrücken *muss*, der Gefahr aus, mit der Zuweisung von Missachtung abgestraft zu werden. Moral ist so gesehen der Hüter von Beobachtungen im „ontologischen Modus" erster Ordnung.[13]

2.2 „Humor ist, wenn man trotzdem lacht."[14]

Nun sind seit der Deportation mehr als 60 Jahre vergangen. Mit meinen rund 30 Jahren gehöre ich zur zweiten Generation von Rumäniendeutschen nach der Russlanddeportation, Herta Müller zur ersten Generation. Die Betroffenheit bezüglich dieses Ereignisses ist nicht mehr akut, sondern nur mittels Reflexion und Spiegelneuronen, die eine Identifikation mit den Deportierten ermöglichten, aktualisierbar.

Es kann sein, dass die Schranke der Betroffenheit *eigentlich* durch keine zeitliche Distanz überwunden werden kann. Ich sage eigentlich, denn der Realitätsunterbau der Deportation bleibt absolut unverändert, auch wenn er durch zeitlich aktuellere Schichten verdeckt wird.

„Humoristische Kommunikation ist nur dann möglich, wenn gewissermaßen eine doppelte Distanz gegeben ist."[15] Diese doppelte Distanz ist gegeben, wenn Humor als Beobachtung von Beobachtung gesehen werden kann. Das Problem, das sich hier stellt, ist, inwiefern Humor als Beobachtung zweiter Ordnung erkennbar ist, also im Kommunikationsprozess gesehen und wahrgenommen werden kann. Dabei ist zu unterscheiden zwischen der Erkenntnis meines eigenen *alter ego* und eines anderen *alter*.[16] Kommen *alter* und *ego* nicht zu einer relativen Übereinstimmung bezüglich der Distanz, kommt es beim Versuch einer humoristischen Kommunikation auf dem Hintergrund der Deportationsthematik zum Konflikt, zur Irritation.

---

13 Jörg Räwel: Humor als Kommunikationsmedium, Fußnote 313, S. 176.
14 Der immer wieder zitierte Aphorismus von Otto Julius Bierbaum. Hier zitiert nach Jörg Räwel: Humor als Kommunikationsmedium, S. 38.
15 Jörg Räwel: Humor als Kommunikationsmedium, S. 48.
16 Dabei muss ich feststellen, dass mein *ego* sich bezüglich der Verifikation von Erkenntnis nicht mit meinem eigenen *alter* befriedigt weiß und den Dialog mit *alteri* und *alterae* sucht; davon zeugt auch diese Seminararbeit.

„Humor ist, wenn man trotzdem lacht." – Worauf bezieht sich ‚dem' in ‚trotzdem'? Trotz der nicht gegebenen zeitlichen Distanz? Trotz des moralischen Zeigefingers? Trotz der von der Gesellschaft dem Humor bzw. der Reflexion auferlegten Quarantäne?[17] Trotz der Unwahrscheinlichkeit des Lachens?

„Die Sprengkraft des Komischen besteht in der ‚Umwertung' der Extrempositionen: Das ‚Nichtige' wird plötzlich zum ‚Gültigen' aufgewertet, oder umgekehrt, das Gültige wird entwertet und marginalisiert."[18] Das hieße, dass das Lachen als Marginalisierung der Deportation und deren Absprechen an Gültigkeit gedeutet werden kann. Im Kontext der Lesung hat Herta Müller wahrgenommen, dass diejenigen, die in der Aula der LMU lachten, die Deportation nicht ernst *genug* genommen haben; diese Wahrnehmung ihrerseits hat sie dementsprechend durch ihren Gesichtsausdruck dem Publikum auch widergespiegelt.

Darf ich aber lachen und trotzdem die Deportation ernst nehmen? Darf ich die Deportation ernst nehmen und trotzdem lachen? Wo sind die Grenzen, die dem Lachen bzw. dem Ernst gesetzt werden?

Zu bedenken ist, dass gerade Komik mit Grenzen spielt oder sich im Grenzbereich abspielt, oder genauer ausgedrückt: Komik ist ein Spiel auf und an der Grenzschwelle, also ein liminales Spiel – sei es, dass sich diese Grenzen auf den Mikrokosmos des Subjekts (mit Körper, Seele, Geist, Vernunft und allem, was man sich noch dazu denken kann) beziehen, oder auf den Makrokosmos des Gesellschaftlichen (von familiären Verhältnissen bis hin zu nationalen und globalen politischen Strukturen). Denn „*vis comica* hat es offensichtlich stets mit der Erfahrung von Grenzen zu tun".[19]

Habe ich bis jetzt bei meinen Überlegungen Lachen und Humor terminologisch undifferenziert verwendet, liegt das daran, dass meiner Meinung nach Lachen und Humor als zwei Seiten des gleichen Phänomens zu betrachten sind: Lachen ist das In-Erscheinung-Treten von Sinn im performativen Akt der Sinnkonstitution in einem Kommunikationsprozess, dessen Medium für einen bestimmten bewusstseinsbesitzenden Rezipienten mit dementsprechend idiosynkratischem Welthorizont letztlich unberechenbare[20] humoristi-

---

17 Vgl. Uwe Wirth: Diskursive Dummheit. Abduktion und Komik als Grenzphänomene des Verstehens. Heidelberg: Winter 1999, S. 178.
18 Uwe Wirth: Diskursive Dummheit, S. 53.
19 Helmut Bachmaier (Hrsg.): Texte zur Theorie der Komik. Stuttgart: Reclam 2005, im Nachwort S. 123.
20 ‚Letztlich' soll hier betonen, dass die Willkür des menschlichen Bewusstseins zwar aufgrund von Beobachtung wiederkehrender Strukturen (dank wissenschaftlicher Untersuchungen, die dieses Phänomen aus verschiedenen Perspektiven zu beleuchten versuchen) relativ prognostiziert, nicht aber absolut festgelegt werden kann, wie es auch der negative Rationalismus von Karl Popper formuliert. Denn diese Letztbegründung – so meine These – kann nur zum Teil erkannt werden, und zwar im zeitlosen,

sche Auslöser birgt.

Auf dem Hintergrund dieser dynamischen Definition von Humor oder Komik oder Lachen sehe ich die Antwort auf die vielen Fragen, die ich in diesem Kapitel gestellt habe:
in der Dialektik der offenen Geschlossenheit der Sinnkonstitution eines subjektiven Bewusstseins, das sich in der Szene der Sprachlichkeit, d.h. der symbolischen Ordnung –
mehr oder weniger – gefangen weiß.

Mit dieser Formulierung schließe ich mich Arlena Jungs Kritik an die Systemtheorie
von Luhmann (vgl. dazu Fußnote 9) an und bestehe intuitiv auf der Notwendigkeit der
Instanz des ‚Dritten', „der dem Tausch der Zeichen vorsteht und sie als *Zeichen* garantiert",[21] denn „[w]äre sie nicht gegeben, lebten wir in einem Universum nicht bloß der
ubiquitären ‚Simulakren', sondern der ubiquitären Psychose".[22] Diese dritte Instanz garantiert nicht nur den Realitätsunterbau der Deportation, sondern auch meinen eigenen
Realitätsunterbau, den von Herta Müller und den von allem, was jede/r einzelne *wirklich* erfährt.

Das Bewusstsein, das die Wirklichkeit im Augenblick der Gegenwart erlebt, hat an sich
eine „aporetisch-paradoxale Struktur", weil es so wenig sich selber wie eben diese dritte
Instanz, auf die es referiert, um sich zu entparadoxieren, erkennen kann. Weil der
Mensch aber lebt – Aporie und Paradoxie hin oder her –, kommuniziert der Mensch,
denn nach dem berühmten Zitat von Karl Jaspers macht uns zu Menschen, dass wir mit-
einander reden können.

> Zu den Paradoxien des Bewußtseins zählt auch, daß es ebenso evident wie unzugänglich ist. Das
> gilt zumal für das Bewußtsein von anderen. *Ego* hat keinen auch nur halbwegs direkten Zugang
> zum Bewußtsein von *alter*. Beide können einander und eben auch sich selbst nicht ins Hirn
> schauen. Wohl aber können und müssen sie kommunizieren. Deshalb sind sie auf Medien ange-
> wiesen.[23]

Lachen als Manifestation von Sinn entsteht im Kommunikationsprozess: in der Begeg-
nung von Bewusstsein und Medium, von einem Subjekt und einer mitgeteilten Information.

---

weil präsenten, performativen Akt des Seins. Ich gehe davon aus, dass Präsenzkultur und Sinnkultur
(vgl. Hans-Ulrich Gumbrecht) nicht zu trennen sind.
21 Clemens Pornschlegel: Das Theater des Textes. Zum Konzept des Theatralischen bei Pierre Legendre.
In: Gerhard Neumann/ Caroline Pross/ Gerald Wildgruber (Hg.): Szenographien. Freiburg: Rombach
2000, S. 382.
22 Clemens Pornschlegel: Das Theater des Textes, S. 384.
23 Jochen Hörisch: O. Jahraus, Literatur als Medium, in: Arbitrium 24/2 (2006), S. 149.

2.3 Komische Brücke über die Leerstelle im performativen Akt der Sinnkonstitution

Die Antwort auf das Warum des Lachens liegt – so wie die Suche nach dem ‚trotzdem' – letztlich und unfassbar im Bewusstsein des Lachenden. Die Wahrscheinlichkeit des Lachens ist aber auch schon in der Organisationsstruktur der mitgeteilten Information vorprogrammiert; dieses Angebot wird in der Interaktion zwischen Bewusstsein und Information im Medium bereitgestellt.

Da Herta Müllers *Atemschaukel* nicht explizit mit der Intention verfasst worden ist, die Leser zum Lachen zu bringen, so ist für mich Humor – ich möchte ergänzen: ernster Humor – schon in der Thematik des Buches gegeben. Da diese Aussage vielleicht auf den ersten Blick nicht so einleuchtend ist, versuche ich im Folgenden, meinen Gedankengang zu dieser These zu entfalten. „Was ich schreib', muss ich essen. Was ich nicht schreib', frisst mich."[24] Durch diese Aussage bekennt sich Herta Müller als existentielle Schriftstellerin. Was sie schreibt, ist wirklich. Und zwar nicht im Sinne der Faktizität. Es ist der Versuch, Erlebtes zu erzählen. In seinem Buch *Herta Müller – metamorfozele terorii* aus dem Jahre 2007 beschreibt Cosmin Dragoste Herta Müllers narrative Technik wie folgt:

> De multe ori, percepţia naratoarei este mediată, în sensul interpunerii între ochi (principalul instrument de percepere a realităţii) şi peisaj a unui geam: fie din biroul anchetatorilor, fie de la fereastra proprie, din tren sau alte mijloace de transport. Este şi semnul unei realităţi care se refuză în totalitate unei înţelegeri normale, o realitate deformată, în căutare avidă de echilibru. O realitate cu impact mediat, care nu poate fi accesată direct, ci prin intermediari „oficiali", prin dogme, scheme cognitive învechite, anacronice, prin tabuuri comportamentale. O realitate cu o mediere restrictivă, în care principala problemă care se pune este supravieţuirea nu de pe azi pe mâine, ci de pe azi pe azi.[25]

Die *Atemschaukel* versucht diese Auseinandersetzung mit dem Dauernullpunkt der Existenz in der Lagererfahrung, die sich im Lager und nach der Heimkehr einer regulä-

---

24 Wolf Scheller: „Was ich nicht schreib', frisst mich", in: Schwäbische Zeitung, Nr. 233 vom 9. Oktober 2009, S. 14.
25 Cosmin Dragoste: Herta Müller – metamorfozele terorii. Aius: Craiova 2007, S. 273. Eigene Übersetzung: Oftmals ist die Wahrnehmung der Erzählerin vermittelt, im Sinne einer Zwischenschaltung eines Fensters zwischen den Augen (dem Hauptwerkzeug zur Wahrnehmung der Wirklichkeit) und der Landschaft: sei es aus dem Büro der Ermittler, sei es aus dem eigenen Fenster, aus dem Zug oder einem anderen Verkehrsmittel. Auch dies ist Zeichen einer Wirklichkeit, die sich der regulären Erkenntnis gänzlich verweigert, eine entstellte Wirklichkeit, die begierig nach dem Gleichgewicht sucht. Eine Wirklichkeit mit sofortiger Auswirkung, zu der man keinen direkten Zugang hat, sondern nur über „offizielle" Vermittler, über Dogmen, veraltete und anachronistische kognitive Schemata, über Verhaltenstabus. Eine Wirklichkeit mit einschränkender Vermittlung, bei der das Hauptproblem nicht im Überleben von heute auf morgen, sondern von heute auf heute liegt.

ren Erkenntnis verweigert, dennoch zu vermitteln. Es reduziert sich alles auf ein Überleben von heute auf heute. Die Mittel sind hier die konkreten Gegenstände, bis hin zur Beschreibung des Hungers als Gegenstand: „Der Hunger ist ein Gegenstand." (AS, S. 144) Das Erzähltempus der Vergangenheit ermöglicht eine Verbindung der Beobachter- mit der Erfahrungsperspektive. Hat sich der Lagerinsasse durch Beobachtung von der nackten unberechenbaren Realität distanziert, so wird in der Realität der zeitlich und örtlich gegebenen Beobachterperspektive die Präsenz der Lagers existentiell nah:

> Ich weiß mittlerweile, dass auf meinen Schätzen DA BLEIB ICH steht. Dass mich das Lager nach Hause gelassen hat, um den Abstand herzustellen, den es braucht, um sich im Kopf zu vergrößern. Seit meiner Heimkehr steht auf meinen Schätzen nicht mehr DA BIN ICH, aber auch nicht DA WAR ICH. Auf meinen Schätzen steht: DA KOMM ICH NICHT WEG. Immer mehr streckt sich das Lager vom Schläfenareal links zum Schläfenareal rechts. So muss ich von meinem ganzen Schädel wie von einem Gelände sprechen, von einem Lagergelände. Man kann sich nicht schützen, weder durchs Schweigen noch durchs Erzählen. Man übertreibt im Einen wie im Anderen, aber DA WAR Ich gibt es in beidem nicht. Und es gibt auch kein richtiges Maß. (AS, S. 294)

Auch nach der Heimkehr bleiben die Gegenstände und eine intensive Wahrnehmung der Dinglichkeit das (Über)Lebensprinzip des Protagonisten. Im Augenblick des Tanzes mit den Gegenständen am Ende der *Atemschaukel* findet er sein Gleichgewicht wieder, vielleicht: „Einmal lag unter dem weißen Resopaltisch eine staubige Rosine. Da hab ich mit ihr getanzt. Dann habe ich sie gegessen. Dann war eine Art Ferne in mir." (AS, S. 297)

> Somit werden die Gegenstände, die der Erzähler immer wieder zwanghaft erinnert, zu Chiffren für die Dissoziation und Deformation der Persönlichkeit, die im Lager stattgefunden hat, ja für die Auslöschung des Individuums, das sich nur noch im erlittenen Trauma wiederfinden und erfahren kann [...] Gleichzeitig fungiert die Repetition der Lagergegenstände aber auch als Strukturprinzip des gesamten Romans, das einer Endlosschleife gleicht.[26]

Die Fokussierung auf konkret definierbare und fassbare Gegenstände sehe ich, in Analogie zu Umberto Ecos Definition der endlosen Liste endlicher Gegebenheiten,[27] als Versuch, eine Wirklichkeit zu beschreiben, die den endlosen Abgrund des Inhumanen im Menschen aufreißt. Oder vielleicht ist es ein abduktives Experiment, denn „[i]m Verlauf

---

26 Edith Konradt: „Da komm ich nicht weg" Herta Müllers Deportationsroman *Atemschaukel* im Spannungsfeld von Historie, Biografie und Fiktion, S. 38.
27 Umberto Eco: Vertigine della lista. Orio al Serio: Bompiano 2009, S. 15: „Esiste, però, un altro modo di rappresentazione artistica, quando di ciò che si vuole rappresentare non si conscono i confini, quando non si sa quante siano le cose di cui si parla e se ne presuppone un numero, se non infinito, astronomicamente grande; o quando ancora di qualcosa non si riesce a dare una definizione per essenza e quindi, per parlarne, per renderlo comprensibile, in qualche modo percebibile, se ne elencano le proprietà – e come vedremo le proprietà accidentali di un qualcosa, dai Greci ai nostri giorni, sono ritenute infinite."

des ‚Studiums der Tatsachen' taucht eine Konjektur auf, die eine mögliche Erklärung liefert".[28]

An dieser Erfahrung von Paradoxie lege ich die Möglichkeit humoristischer Kommunikation fest, da ich im Humor das Potential sehe, Widersprüche nicht nur aufzudecken, sondern sie auch zu überwinden, indem man sie lachend herabsetzt oder gar transzendiert.

> ... denn überall, wo Leben ist, ist Widerspruch, und wo Widerspruch ist, ist das Komische anwesend. Das Tragische und das Komische sind dasselbe, insoweit beide den Widerspruch bezeichnen, aber das Tragische ist der leidende Widerspruch, das Komische der schmerzlose Widerspruch. [...] Überall, wo es einen Widerspruch gibt und man den Ausweg nicht kennt, den Widerspruch nicht in einem Höheren aufgehoben und berechtigt weiß, ist der Widerspruch nicht schmerzlos [...][29]

Im Film *Funny Bones* spricht Bruno Parker: „I never saw anything funny that wasn't terrible, didn't cause pain."[30] Das Komische kann – zumal in der physischen Reaktion des Lachens – die Befreiung vom Schmerz bewirken.

> Die Ambivalenz des Lachens besteht darin, daß es zugleich ‚Anzeichen einer unendlichen Größe und eines unendlichen Elends' ist. Es entsteht aus ‚dem unaufhörlichen Widerstreit dieser beiden Unendlichkeiten' ([Baudelaire]1977: 292). Darum ‚lacht der Weise nur mit Zittern' und deshalb hat, so Baudelaire, Christus niemals gelacht: In den Augen dessen, der alles weiß und kann, gibt es keine Komik (1977: 286). Für den Menschen, gefangen in der schwebenden Position zwischen Endlichkeit und Unendlichkeit, wird das Lachen zum Moment einer subjektiv vollzogenen metaphysischen Grenzbestimmung und Grenzüberschreitung, denn die Komik und die Gewalt des Gelächters liegen in dem Lachenden und keineswegs in dem, worüber er lacht' ([Baudelaire] 1977: 292). Das Lachen wird so zum Ausdruck subjektiven Selbstbewußtseins, das die interpretatorische Freiheit besitzt, seine Welt und seine Grenze verstehend selbst zu konstituieren, aber auch, bei seinen Interpretationsversuchen existentiell zu scheitern.[31]

Der Abgrund, den die Thematik des Romans eröffnet, die Suche nach dem Sinn des Lagers, kann durch Humor überbrückt werden. Aufgrund der prinzipiellen Oszillation literarischer Texte zwischen Offenheit und Geschlossenheit, zwischen Bestimmtheit und Unbestimmtheit, besteht die Möglichkeit, dass Leerstellen im Text, die der Rezipient im Akt des Lesens als Sinnkonstitutionsprozess zu ergänzen hat, eine humoristische Kommunikation anregen können. Denn:

---

28 Uwe Wirth: Diskursive Dummheit, S. 32.
29 Søren Kierkegaard: Über den Begriff der Ironie mit ständiger Rücksicht auf Sokrates, zitiert nach Helmut Bachmaier: Texte zur Theorie der Komik, S. 62.
30 Zitat (Min. 1:28:20) aus dem Film *Funny Bones* von Peter Chelsom und Peter Flannery aus dem Jahre 1995.
31 Uwe Wirth: Diskursive Dummheit, S. 49.

Es obliegt dem Leser, die Kombination der unverbundenen Textsegmente vorzunehmen. Der Akt der Kombination oder Gruppierung, von Iser auch als ‚Konsistenzbildung' bezeichnet, bringt stets eine ‚Selektionsentscheidung' mit sich: Der Rezipient muss selbst entscheiden, was als signifikant gelten soll. Dieser Vorgang geschieht notwendigerweise auf der Basis der ‚individuellen Dispositionen des Lesers'. ‚Deshalb spielen im Lesevorgang die Einstellungen, Erwartungen und Antizipationen des Lesers eine nicht unwesentliche Rolle, denn Gestalten können sich erst im Zusammenspiel mit solchen Einstellungen bilden.' Der vom Text gewährte ‚Auslegungsspielraum' erlaubt es den Lesern, unterschiedliche Gestalten, d.h. unterschiedliche Bedeutungen entsprechend der eigenen Dispositionen hervorzubringen.[32]

Die Grenzen, die der Kontext dem Humor über einen moralischen Diskurs in der *Atemschaukel* setzen kann, habe ich versucht dadurch aufzulösen, indem ich Humor als Erklärungsmodell für alle Grenzerfahrungen betrachte.

Allerdings ist hier zu ergänzen, dass bei einer hohen Wahrscheinlichkeit von konfligierenden Diskursen – hier bedingt durch den in Kap. 2.1 erläuterten substantiellen Realitätsunterbau – der humoristische Diskurs, insofern er von einem Rezipienten sprachlich zum Ausdruck gebracht wird, an mangelnden kontextuellen Bedingungen scheitern kann, wenn sich der Lachende nicht auf einen gemeinsamen Realitätsunterbau beziehen kann, denn

[p]erformative Kommunikation im Sinne Austins verlangt nach einem erschöpfend beschreibbaren Kontext, zu dessen Konstituenten auch die Intention (des Sprechers) zählt. So nennt Austin in seiner Theorie der Sprechakte Beispiele für Situationen, in denen Sprechakte auf Grund eines Konflikts mit den kontextuellen Bedingungen scheitern. Ganz allgemein gesagt, ist es immer nötig, daß die Umstände, unter denen die Worte geäußert werden, in bestimmter Hinsicht oder in mehreren Hinsichten passen, und es ist sehr häufig nötig, daß der Sprecher oder andere Personen zusätzlich gewisse weitere Handlungen vollziehen – seien es nun ‚psychische' oder ‚geistige' Handlungen oder einfach die, gewisse andere Worte zu äußern.[33]

Den Realitätsunterbau, der beiden Diskursen gerecht wird, sehe ich in der existentiellen Lust am Leben: „Nicht wahr, ihr lebt doch alle gern."[34]

---

32 Sabine Kuhangel: Literarische Offenheit und ihre Grenzen - Semiotik, Rezeptionsästhetik und die Perspektiven eines literaturtheoretischen Konzepts, in: Thuswaldner, Gregor (Hrsg.): Derrida und danach? Literaturtheoretische Diskurse der Gegenwart, Wiesbaden: VS Research 2008, S. 114.
33 Jochen Schmidt: Vielstimmige Rede vom Unsagbaren: Dekonstruktion, Glaube und Kierkegaards pseudonyme Literatur. Berlin: Gruyter 2006, S. 19.
34 AS, S. 21.

3 Konkret am Text

3.1 Ubornaja – gemeinschaftlicher Klogang

Die russischen Wachsoldaten schrien UBORNAJA. Alle Türen aller Waggons wurden geöffnet. Wir purzelten hintereinander ins tiefer gelegene Schneeland und sanken bis zu den Kniekehlen ein. Wir begriffen, ohne zu verstehen, Ubornaja heißt gemeinschaftlicher Klogang. Oben, sehr hoch oben, der runde Mond. Vor unseren Gesichtern flog der Atem glitzrigweiß wie der Schnee unter den Füßen. Ringsherum die Maschinenpistolen im Anschlag. Und jetzt: Hosen runter. Diese Peinlichkeit, das Schamgefühl der ganzen Welt. Wie gut, dass dieses Schneeland mit uns allein war, dass niemand ihm zusah, wie es uns nötigte, dicht nebeneinander das Gleiche zu tun. Ich musste nicht aufs Klo, ließ aber die Hose herunter und setzte mich in die Hocke. Wie gemein und still dieses Nachtland war, wie es uns in der Notdurft blamierte. Wie die Trudi Pelikan links von mir ihren Glockenschnittmantel in die Achseln raffte und ihre Hose über die Knöchel herunterzog, wie man zwischen ihren Schuhen das Zischeln hörte. Wie hinter mir der Advokat Paul Gast beim Drücken stöhnte, wie seiner Frau Heidrun Gast das Gedärm vom Durchfall quakte. Wie der pestwarme Dampf rundherum sofort glitzrig in der Luft gefror. Wie uns dieses Schneeland eine Rosskur verpasste, uns mit blankem Hintern in den Geräuschen des Unterleibs einsam werden ließ. Wie armselig unsere Eingeweide wurden in dieser Gemeinsamkeit.
Vielleicht wurde in dieser Nacht nicht ich, aber der Schrecken in mir plötzlich erwachsen. Vielleicht wird Gemeinsamkeit nur auf diese Art wirklich. Denn alle, ausnahmslos alle setzten wir uns bei der Notdurft automatisch mit dem Gesicht in Richtung Bahndamm. Alle hatten wir den Mond im Rücken, die offene Viehwaggontür ließen wir nicht mehr aus den Augen, waren bereits auf sie angewiesen wie auf eine Zimmertür. Wir hatten schon die verrückte Angst, dass die Tür sich ohne uns schließt und der Zug ohne uns wegfährt. Einer unter uns schrie in die weite Nacht: Da haben wirs, das scheißende Sachsenvolk, alle auf dem Haufen. Wenns den Bach runtergeht, geht nicht nur der Bach runter. Nicht wahr, ihr lebt doch alle gern. Er lachte leer wie Blech. Alle schoben sich ein Stück von ihm weg. Dann hatte er Platz und verneigte sich vor uns wie ein Schauspieler und wiederholte mit hohem und feierlichem Ton: Nicht wahr, ihr lebt doch alle gern. (AS, S. 20f)

Was soll an dieser Stelle zu lachen sein? Ist diese Szene nicht mehr schrecklich als komisch? Oder vielleicht eher komisch-grotesk? Denn ein unheimliches, gemischtes Gefühl von Grauen und entfremdendem Lachen macht sich in mir breit. Grotesk wirkt die Beschreibung des gemeinschaftlichen Klogangs in all seiner Realität. Das Groteske ist hier faktisch real und keine schriftstellerische Übertreibung.

Ist es vielleicht ein Lachen aus Schamgefühl im Sinne der Komik der Herabsetzung: Ich bin nicht diejenige, die vor allen Leuten meine Hose runterziehe und öffentlich scheiße? Ich lache vielmehr über die Art und Weise, wie dieses Bild geschildert wird. Ich lache über die Art und Weise, wie aus der Beobachterperspektive zurückgeschaut und reflektiert wird. Dabei sehe ich mich immer mit einem lachenden und einem weinenden Auge. Ich lache nicht *über*, ich lache nicht *mit*, ich lache einfach, denn das Weinen allein bringt mich nicht weiter.

„Wir purzelten hintereinander". Das Verb „purzelten" evoziert in mir kein grauenvolles Bild. Wenn Erwachsene purzeln, dann sind sie keine Erwachsenen mehr. Ich denke dabei eher an unbeholfene, goldige Kinder. Dann wendet sich der Blick nach oben zum runden Mond und prompt wieder nach unten auf Augenhöhe: Gesichter – Atem – Maschinenpistolen.

Die detaillierte Beschreibung des Klogangs bricht mit dem bachtinischen grotesken Leib: Wenn der groteske Körper bei Bachtin „kosmisch und universal"[35] ist, so kann es hier wegen der individuellen Prägung des Ausscheidungsprozesses nicht zu einem Akt der Heraufsetzung, der Befreiung im universalen grotesken Körper kommen.

> Das Lachen ist meist mit einer gewissen *Empfindungslosigkeit* verbunden. Wahrhaft erschüttern kann die Komik offenbar nur unter der Bedingung, daß sie auf einen möglichst unbewegten, glatten seelischen Boden fällt. Gleichgültigkeit ist ihr natürliches Element. Das Lachen hat keinen größeren Feind als die Emotion.[36]

Vielleicht ist es auch der Mangel an Emotion in der Beschreibung, diese distanzierte objektive Gleichgültigkeit, die den Text komisch wirken lässt. Die einzigen Gefühle sind die der Scham und der Einsamkeit. Verantwortlich wird dafür die personifizierte Landschaft gemacht: „Wie gemein und still dieses Nachtland war", „Wie uns dieses Schneeland eine Rosskur verpasste".

Die Unmündigkeit, die am Anfang in „purzelten" anklang, wird hier im Bewusstsein der zum Kollektiv zusammengewachsenen Individuen, dass sie auf die Viehwaggontür angewiesen sind, wieder sichtbar gemacht. Die Anmerkung, „Wir hatten schon die verrückte Angst, dass die Tür sich ohne uns schließt und der Zug ohne uns wegfährt.", klingt wie ein Vorwurf in fast ironischer, selbstreflexiver Brechung: Wie konnten wir so blöd sein und Angst haben?

---

35 Michail M. Bachtin: Literatur und Karneval. Zur Romantheorie und Lachkultur. Frankfurt a.M.: Fischer 1990, S. 18.
36 Henri Bergson: Das Lachen. Ein Essay über die Bedeutung des Komischen. Zürich: Die Arche 1972, S. 12.

Der Schrei des Mannes mit den Albatrosknöpfen (vgl. AS, S. 16 und 22) ist der Schrei eines Komikers, der aus sich heraustritt und aus der Beobachterperspektive über die Gegenwart reflektiert. Oder es ist der Schrei eines Wahnsinnigen, der es sich erlauben kann, das Gesetz der zeitlichen Entparadoxierung zu vernachlässigen, wie sie Räwel in Bezug auf Kollabierung von moralisch-ontologischem und humoristisch-reflexivem Diskurs fordert.[37] Wird er zum Wahnsinnigen, nur weil er dazu fähig ist, über die Sachlage objektiv kaltblütig zu reflektieren, obwohl er weiß, „wie die Dinge *offensichtlich objektiv* sind"[38]? Denn Lachen und Weinen fallen hier ineinander. „Alle schoben sich ein Stück von ihm weg." Aber bestrafen können sie ihn dadurch nicht. Oder können sie ihn überhaupt dafür bestrafen, dass er ihnen die Wirklichkeit durch seine doppelte affirmierende Sprechhandlung wirklicher werden lässt?

3.2 Nur die Läuse durften sich rühren an uns

> Wir stellten uns auf Reih und Glied – welch ein Ausdruck für diese fünf Elendsregimenter aus dicken Augen, großen Nasen, hohlen Wangen. Die Bäuche und Beine waren aufgepumpt mit dem dystrophischen Wasser. Ob Frost oder Gluthitze, ganze Abende vergingen im Stillgestanden. Nur die Läuse durften sich rühren an uns. Beim endlosen Durchzählen konnten sie sich vollsaufen und Paradegänge absolvieren über unser elendiges Fleisch, uns stundenlang vom Kopf bis in die Schamhaare kriechen. Meist hatten sich die Läuse schon satt gesoffen und in die Steppnähte der Watteanzüge schlafen gelegt, und wir standen immer noch still. (AS, S. 26f)

Wieder ein groteskes Bild. Die Fokussierung auf die vom Hunger und von der Zwangsarbeit entstellten Leiber beschreibt eine reale Groteske: Augen, Nasen, Wangen, Bäuche und Beine sind über- oder unterproportional.

Der Leib breitet sich aus. Die kleine Welt der Läuse nimmt überhand. Im Gegensatz zu der Stelle aus Mark Twains *The Adventures of Huckleberry Finn*,[39] an die mich diese Szene erinnert hat, ist der Protagonist von seinem Körper total entfremdet: Auf fast perverse Art beschreibt er die Läuse, die wie selbstverständlich auf seinem Körper ihr Habitat haben. Das, was die Menschen nicht dürfen, dürfen die Läuse: Sie dürfen sich

---

37 Vgl. S. 8 dieser Arbeit.
38 Jörg Räwel: Humor als Kommunikationsmedium, Fußnote 313, S. 176.
39 Mark Twain: The Adventures of Huckleberry Finn [1885]. Penguin Popular Classics 1994, S. 15: „My nose begun to itch. It itched till the tears come into my eyes. But it dasn't scratch. Then it begun to itch on the inside. Next I got to itching underneath. I didn't know how I was going to set still. This miserableness went on as much as six or seven minutes; but it seemed a sight longer than that. I was itching in eleven different places now. I reckoned I couldn't stand it no more'n a minute longer, but I set my teeth hard and got ready to try."

vollsaufen und satt werden, sie dürfen nach Belieben auf den Körpern der Lagerinsassen lustwandeln und dürfen sich mit vollem Magen schlafen legen. Der eigene Leib als Paradies der Läuse ist der Ort, der die eigenen Sehnsüchte und Bedürfnisse widerspiegelt. Ist das nicht grotesk, eine verkehrte Ordnung? Diese Umkehrung hat eine befreiende Wirkung, denn das Eintreten in die Läusewelt ist zwar ein Verharren bei der eigenen phänomenalen Körperlichkeit und dennoch ein Heraustreten aus sich selbst, ein Entfliehen aus dem Lager, aus der Starre des Lagers in die Dynamik und Freiheit der Läuse. Es ist, so möchte ich sagen, die befreiende Kraft der Fähigkeit aus sich heraus zu treten, fast ekstatisch, die dem Humor zu eigen ist. Es ist grauenvoll, wenn man bedenkt, dass die Läuse mehr Rechte hatten als die Lagerinsassen. Wenn ich hier lache, dann lache ich eher das Grauenvolle aus, um es zu überleben.

Zum Lachen der Zukunft, dem Lachen des Übermenschen von Nietzsche, dem Lachen „aus der ganzen Wahrheit heraus"[40] schreibt Bernhard Greiner, auf den französischen Philosophen George Bataille rekurrierend:

> Wir können dies Lachen ein Lachen der ‚Übertretung' nennen, wenn wir ‚Übertretung' dabei radikal verstehen, nicht als partielles Aufheben von Schranken oder zeitweiliges Freisetzen von unterdrückter Natur, um die gegebenen Ordnungsstrukturen weiter zu ertragen, sondern als Herausgehen aus Sicherheiten, gerade auch der Position des Ich als sich selbst wissender Subjektivität. [...] Das Lachen, so Bataille, sprengt die Grenzen der Erkenntnis. Denn in ihm wird der Hereinbruch des Unbekannten erfahren, als Begegnung mit dem Unbegreifbaren. Immer, wenn wir lachen, überschreiten wir das Reich des Bekannten und Vorhergesehenen in das Reich des Unbekannten und Unvorhersehbaren. Weil das Lächerliche durch Erkenntnis und durch wissendes Handeln nicht einzuholen ist, bestimmt Bataille es – wie das Heilige – als mystische Erfahrung.[41]

In der *Atemschaukel* ist das Unbegreifliche die Wirklichkeit, unvorhersehbar ist sie. Begreifbar und vorhersehbar ist die Welt der Läuse. Das Komische schafft hier Sicherheiten. Wer an dieser Stelle lacht, kann nur aus der ganzen Wahrheit heraus lachen, weil er *trotzdem* oder gerade *deswegen* lacht.

---

40 Friedrich Nietzsche: *Die fröhliche Wissenschaft,* zitiert nach Bernhard Greiner: Die Komödie: eine theatralische Sendung: Grundlagen und Interpretationen. Tübingen: Francke 1992, S. 107.
41 Bernhard Greiner: Die Komödie: eine theatralische Sendung: Grundlagen und Interpretationen, S. 108.

3.3 Fußkultur

> Gestern hielt ein speziell angereister Offizier mit grüner Kappe, groß wie ein Kuchenteller, eine
> Ansprache auf dem Appellplatz. Es war eine Rede über den Frieden und die FUSSKULTUR.
> Und Tur Prikulitsch durfte ihn nicht unterbrechen, stand daneben, devot wie ein Ministrant und
> fasste nachher den Inhalt zusammen: Die Fußkultur stärkt unsere Herzen. Und in unseren Her-
> zen schlägt das Herz der Sozialistischen Sowjetrepubliken. Die fusische Kultur stählt die Kraft
> der Arbeiterklasse. Durch die fusische Kultur erblüht die Sowjetunion in der Kraft der kommu-
> nistischen Partei und im Glück des Volkes und des Friedens. Der Akkordeonspieler Konrad
> Fonn, ein Landsmann von Tur Prikulitsch erklärte mir, dass ein Y im Russischen ein U ist. Dass
> es um die PHYSISCHE Kultur und ihre Kraft geht, um die Turnkultur auf kyrillisch. Und dass
> der Offizier das Wort falsch aufgeschnappt haben muss und Tur sich nicht traut, ihn zu korrigie-
> ren. (AS, S. 54)

Die Arbeitslager dienen nicht nur der Kriegsentschädigung, sondern sie dienen auch der
Umerziehung der vom nationalsozialistischen Regime „verdorbenen" Bevölkerung. Als
ich meiner Mutter die Zusammenfassung der Ansprache vorlas, sagte sie, das sei genau
der Ton der kommunistischen Gewerkschaftssitzungen gewesen, an denen sie die Ehre
gehabt hatte, regelmäßig teilzunehmen. Man hatte bei den Sitzungen abzustimmen und
zu klatschen. Das konstatierende Präsens verleiht der Rede einen dominanten Charakter;
sie lässt somit keinen Raum für Kritik. Die Dummheit des Offiziers, bloßgestellt durch
das Missverständnis und die unreflektierte Übernahme eines Wortes, garantiert den La-
cheffekt. Die Funktion der Komik ist die der Subversion der bestehenden kommunistischen Regierung. Angesichts der Lagerrealität verliert diese Subversion an Gültigkeit.
Es bringt dem Lagerinsassen nicht sehr viel, wenn er sich gegen die kommunistische
Machtstruktur richtet. Sein Feind ist der Hungerengel.

Es ist lustig, sich den Offizier statt mit grüner Kappe mit einem Kuchenteller vorzustel-
len, und dennoch ist es schmerzhaft, wenn man wahrnimmt, dass der Lagerinsasse seine
Vergleiche aus dem Bereich des Essens speist.

Tur Prikulitsch „war zwar ein Internierter, aber der Adjutant der Lagerleitung" (AS, S.
28). Bei der Ansprache des Offiziers steht er „devot wie ein Ministrant", denn um seine
Machtstellung im Lager zu behalten, nimmt er auf der Bühne des Lagers die Haltung eines Dieners ein. Seine Ergebenheit ist so radikal, dass er sich nicht einmal traut, seinen
Vorgesetzten als ungebildet zu demaskieren. Tur weiß, dass Konrad Fonn weiß, dass Tur
ganz genau weiß, dass es physische und nicht fusische Kultur heißt. Aber Tur nimmt es
in Kauf lächerlich zu sein, weil das Bedürfnis dem Hungerengel zu entkommen vor sei-

ner eigenen intellektuellen Integrität Priorität hat. Dadurch, dass er sich selbst lächerlich macht und die Lagerinsassen davon wissen, bewahrt er seine privilegierte Stellung im Lager, wird also zu einer Machtperson für die anderen Internierten – zugleich aber entpuppt er sich als machtlos in seiner Macht, weil auch er ohnmächtig ist vor dem Gesetz des Lagers und des Hungerengels. Durch das Wissen über Turs gespielte Lächerlichkeit haben die anderen Lagerinsassen Macht über ihn, zumindest auf der reflexiv-kognitiven Ebene. Im ontologischen Modus hat er die Macht über sie.

Wer lacht hier über wen? Wenn ich hier lache, dann, weil es ein Weg aus der Auswegslosigkeit heraus ist. Das Lachen wird hier zum Reflex; der Aufschub von Sinn, das Relativieren von Sinn im Lachen wird Teil der Selbsterhaltungsmaßnahmen. Die Beobachtung erster und zweiter Ordnung rücken immer näher zusammen, denn zum Überleben sind gut reflektierte, kurzschlüssige Reaktionen notwendig.

3.4 Planton-Kati – unverbesserlich und hilflos

> Über uns konnte Tur Prikulitsch verfügen, doch mit der Planton-Kati gab er sich nur die Blöße der Grobheit. Und als auch die ihm missglückte, die Blöße des Mitleids. Unverbesserlich und hilflos nahm die Planton-Kati seinem Herrschen den Sinn. Um sich nicht zu blamieren, wurde Tur Prikulitsch zahm. Beim Appell musste die Planton-Kati nun vorne neben ihm auf dem Boden sitzen. Stundenlang saß sie auf ihrer Wattemütze und schaute ihm verwundert zu wie einer Gliederpuppe. Nach dem Appell war ihre Mütze am Schnee festgefroren, man musste sie vom Boden losreißen. (AS, S. 103)
>
> An drei Sommerabenden nacheinander störte die Planton-Kati den Appell. Eine Zeitlang blieb sie still neben Prikulitsch sitzen, dann rückte sie nah an seine Füße und polierte mit ihrer Mütze seinen Schuh. Er trat ihr auf die Hand. Sie zog die Hand weg und polierte den anderen Schuh. Er trat auch mit dem zweiten auf ihre Hand. Als er den Fuß hob, sprang sie auf und rannte mit flatternden Armen durch die Appellreihen und gurrte wie eine Taube. Alle hielten den Atem an, und Tur lachte hohl, wie große Truthähne bellen. [...]
>
> So verrückt war sie gar nicht. Zum Appell sagte sie APFEL. Wenn ein Glöckchen an den Koksbatterien bimmelte, meinte sie, in der Kirche fängt die Messe an. Sie musste sich die Täuschung gar nicht ausdenken, weil ihr Kopf gar nicht hier war. Ihr Verhalten passte sich nicht der Lagerordnung, aber den Zuständen an. In ihr hauste etwas Elementares, um das wir sie beneideten. In ihren Instinkten kannte sich nicht einmal der Hungerengel aus. (AS, S. 104)

Die schwachsinnige Planton-Kati ist die Heldin des Lagers: Sie hat Tur Prikulitsch klein gemacht, sie steht über oder eher außerhalb der Situation im Lager, weil sie eigentlich gar nicht drinnen ist, und sie hat, nicht zuletzt, sogar den Hungerengel in Verwirrung gebracht. Die Platon-Kati ist eine Augenweide für die Lagerinsassen: Durch ihr Verhalten relativiert sie alles, ausnahmslos alles. Sie ist Subversion *per se,* die des reflexiven Moments gar nicht bedarf: Der Schwachsinn von Platon-Kati unterminiert die Logik des Lagers.

„Alle hielten den Atem an, und Tur lachte hohl". Tur Prikulitsch ist der einzige, der lachen kann. Die Lagerinsassen können nicht darüber lachen: So unberechenbar wie der Schwachsinn ist auch das Lager.

Wenn ich lache, dann lache ich über die Tragik der Situation, darüber, dass sich die Planton-Kati, im Gegensatz zu den anderen, die Täuschung gar nicht ausdenken muss. Dadurch wird offenbar, dass sich die anderen, die Nicht-Schwachsinnigen, ihres Selbstbetrugs bewusst sind.

3.5 Kochrezepte erzählen ist eine größere Kunst als Witze erzählen

Wenn der Hunger am größten ist, reden wir von der Kindheit und vom Essen. Die Frauen reden ausführlicher vom Essen als die Männer. Am ausführlichsten reden die Frauen aus den Dörfern. Bei ihnen hat jedes Kochrezept mindestens drei Akte, wie ein Theaterstück. Durch die verschiedenen Ansichten über die Zutaten wächst die Spannung. Sie steigert sich rasant, wenn in die Füllung aus Speck, Brot und Ei keinesfalls nur eine halbe, sondern eine ganze Zwiebel, und nicht nur vier, sondern sechs Knoblauchzehen gehören und wenn die Zwiebeln und der Knoblauch nicht nur gehackt, sondern gerieben werden. Und wenn Semmelbrösel besser sind als Brot und Kümmel besser ist als Pfeffer und Majoran sowieso das Beste, sogar besser als Estragon, der doch zu Fisch passt, nicht zu Ente. Wenn die Füllung zwischen Haut und Fleisch geschoben werden muss, damit das Hautfett beim Braten einsickern kann, oder unbedingt in die Bauchhöhle geschoben werden muss, damit sie beim Braten nicht das Hautfett saufen kann, hat das Theaterstück seinen Höhepunkt erreicht. Manchmal behält die evangelisch gefüllte Ente recht, manchmal die katholische. (AS, S. 115)

Die Frauen aus der Stadt verhandeln nicht, wie viele Eier man für den Nudelteig nimmt, sondern wie viele man sparen kann. Und weil sie ständig an allem sparen, taugen ihre Kochrezepte nicht einmal für den Prolog eines Theaterstücks.

Kochrezepte erzählen ist eine größere Kunst als Witze erzählen. Die Pointe muss sitzen, obwohl sie nicht lustig ist. Hier im Lager beginnt der Witz schon mit: MAN NEHME. Dass man nichts hat, das ist die Pointe. Aber die spricht niemand aus. Kochrezepte sind die Witze des Hungerengels. (AS, S. 116)

Dieser Text ist nicht lustig, weil er sich über etwas so Existentielles wie Essen lustig macht. Die Technik ist die der Komik. Das Übertragen der dramatischen Struktur eines

Theaterstücks auf Kochrezepte kommt mit einem Überraschungseffekt einher. Auf der Bühne spielt das Essen eine Rolle. Nach der Exposition der Zutaten kommt es zur steigernden Handlung im Streit über das Mischungsverhältnis der Zutaten bis zum krönenden Höhepunkt, an dem die Ente fertig zum Braten gemacht wird. Würde man die Analogie weiterführen, wäre das retardierende Moment das Braten selbst und die Katastrophe das Verzehren der Ente. Aber zu diesen beiden Momenten kommt es nicht. Das ist die Katastrophe des Lagers. Durch den Kommentar „Manchmal behält die evangelisch gefüllte Ente recht, manchmal die katholische." wird die Bedeutung von Religion im Kontext der Hauptthematik der Lagerexistenz – nämlich das Überleben von heute auf heute, der Kampf mit dem Hungerengel – relativiert.

Zynisch betrachtet der Erzähler die Kochkunst der Frauen aus der Stadt. „Zynismus liegt regelmäßig dann nahe, wenn ein tragischer und damit moralisch-ernster Gegenstand bewusst banalisiert oder in eine komische Perspektive gerückt wird."[42] Die Frauen aus der Stadt können sich nicht, wie die Frauen vom Dorf, den Luxus leisten, Feinschmecker zu sein; sie müssen mit Wenigem gut kochen, daher liegt ihre Stärke im Sparen von teuren Zutaten wie beispielsweise Eiern. Die komische Perspektivierung liegt in der Übertragung dieser Kunst des Sparens auf das Theater. Ihr Kochrezept müsste auf eine klassische Dramenaufführung verzichten und minimalistisch inszeniert werden, denn ihre Kochrezepte taugen nicht einmal für den Prolog eines Theaters. Der Zynismus ist hier ein doppelter, denn durch die Gegebenheiten des Lagers, die die Kunst des Sparens beim Kochen auf die Spitze treibt, potenziert sich die Tragik des Kochrezeptwitzes ins Unerträgliche: „Hier im Lager beginnt der Witz schon mit: MAN NEHME. Dass man nichts hat, das ist die Pointe. Aber die spricht niemand aus." Die Pointe wird nur dann ausdrücklich erläutert, wenn der Witz nicht verstanden wird. Aber im Lager gibt es niemanden, der den Witz des Hungerengels nicht verstünde. Und die Witze des Hungerengels sind nicht lustig, weil sie wörtlich an die Substanz gehen.

---

42 Jörg Räwel: Humor als Kommunikationsmedium, S. 100.

4 Abschließende Gedanken

> Die groteske Welt ist unsere Welt – und ist es nicht. Das mit dem Lächeln gemischte Grauen hat seinen Grund eben in der Erfahrung, daß unsere vertraute und scheinbar in fester Ordnung ruhende Welt sich unter dem Einbruch abgründiger Mächte verfremdet, aus den Fugen und Formen gerät und sich in ihren Ordnungen auflöst.[43]

Die Worte dieses Zitats möchte ich in Bezug auf die *Atemschaukel* wie folgt umschreiben:

> Die Welt des Lagers ist unsere Welt – und ist es nicht. Das mit dem Grauen gemischte Lächeln hat seinen Grund eben in der Sehnsucht, dass unsere vertraute und scheinbar in fester Ordnung ruhende Welt sich unter dem Einbruch abgründiger Mächte verfremdet, aus den Fugen und Formen gerät und sich in ihren Ordnungen auflöst.

Das Lager ist grotesk, weil wir es als etwas, was uns fremd ist, bezeichnet haben wollen. Dass Menschen das Lager erfunden haben, dass wir also dazu fähig sind, unmenschlich zu sein, wollen wir nicht wahrhaben. So ist uns die Welt des Lagers fremd und dennoch ein Teil von uns. Wollen wir lächeln, so wird dieses Lächeln im Bewusstsein dieser Ambivalenz, dieser vertrauten Fremdheit, ständig von einem Gefühl von Grauen begleitet sein. Es ist das Grauen, die Furcht, die uns nicht lachen lässt. Es ist das Lachen, das uns von dem Grauen befreit.

Im Laufe der Lektüre der *Atemschaukel* wird uns die Welt des Lagers immer vertrauter: Wir lernen ihre Gesetzmäßigkeiten kennen, wir wissen um ihre ganz eigene Ordnung. „Immer mehr streckt sich das Lager vom Schläfenareal links zum Schläfenareal rechts." (AS, S. 294) Das Leben am Dauernullpunkt wird unser Zuhause. Das Existenzminimum wird uns vertraut. Wir lernen, damit zu leben und zu überleben. Die Erfahrung, dass sich diese scheinbar in fester Ordnung ruhende Welt des Lagers verfremden, aus den Fugen geraten und sich auflösen muss, wird uns nur durch die Sehnsucht nach der Fülle des Lebens geschenkt, die uns das Lachen ermöglicht, auch in extremsten Gegebenheiten.

> Auch Tur Prikulitsch, der einen satten Magen hatte, schaute dem Brotmann nach, vielleicht um ihn zu kontrollieren oder nur abwesend. Ich wusste nicht weshalb, doch mir schien, dass der Rasierer Tur Prikulitsch vom Brotkarren ablenken wollte. Anders konnte ich mir nicht erklären, weshalb er, gerade als ich mich auf den Hocker setzte, sagte: Was sind wir doch für eine interlope Gesellschaft hier im Lager. Alles Leute von überall her, wie im Hotel, in dem man eine Zeitlang wohnt. (AS, S. 46)

---

43 Wolfgang Kayser: Das Groteske in der Malerei und Dichtung. Reinbeck: Rowohlt 1960, S. 27.

Wochen später als der Brotmann den leeren Karren zum Lagertor hinauszog, fiel mir das HO-
TEL wieder ein. Da gefiel es mir. Ich brauchte es gegen den Überdruss. [...]

Ich war den halben Sommer beim Zement und beim Kalb in Schweden, ich kam aus der Tag-
oder Nachtschicht und spielte im Kopf Hotel. Manche Tage musste ich in mich hineinlachen.
Manche Tage brach das HOTEL krass in sich, also in mir, zusammen, und mir kamen die Trä-
nen. Ich wollte mich aufrichten, aber ich kannte mich nicht mehr. Das verfluchte Wort HOTEL.

(AS, S. 48)

War für den Protagonisten Leo der Vergleich des Lagers mit einem Hotel anfangs ganz
und gar nicht lustig, weil er sich betroffen gefühlt hat, so kann er später darüber lachen.
Sein Lachen ist ein individuelles, intimes: Er lacht in sich hinein. Dieses Lachen wird
zum Mittel gegen den Überdruss, das Lachen wird notwendig. An manchen Tagen kippt
das Lachen in Weinen um und der Protagonist ist sich seiner selbst entfremdet. Er ver-
flucht das Wort ‚Hotel', denn es kann ihn zum Lachen und zum Weinen bringen. Es erinnert ihn daran, dass er im Lager war und nicht im Hotel. „Humor ist, wenn man trotzdem lacht."

Dieses Lachen ist ein individuelles Lachen. Die Instanz, die darüber wacht, ist die meines eigenen Bewusstseins. Lache ich, so lache ich, weil ich die Fähigkeit dazu habe, aus
mich heraus zu treten, Abstand zu nehmen, zu reflektieren und zu relativieren: mich und
meine Welt anzuschauen und zwar immer wieder neu. Je tiefer oder weiter ich an den
Rand meiner eigenen Existenz gekommen bin und die Kongruenz in den Inkongruenzen
sehe, je wirklicher ich *da* bin, umso mehr kann ich aus der ganzen Wahrheit heraus lachen, umso feinere Lachantennen werden mir zu eigen.

Komik gehört der Ebene an, auf die alle Normierungen spezieller Art zurückweisen: die Ebene,
in der sich der Mensch als solcher und im Ganzen in der Welt und gegen die Welt behauptet.
Sein Irgendwo-irgendwann-Darinstehen, d.h. seine exzentrische Position, ermöglicht ihm, sich
und seine Welt, in der er zu Hause ist und auf die er sich versteht, als begrenzt und offen zugleich zu nehmen, vertraut und fremd, sinnvoll und widersinnig.

In diesem Zugleich steckt der Kern der Komik, aber der normale Gang des Lebens und der Ge-
schäfte läßt ihn uns vergessen. Man nimmt die Dinge in dieser oder jener Hinsicht und dichtet
sie gegen Zweideutigkeit ab. Aber unsere Technik, die Welt ernst zu nehmen und sie uns zu ver-
binden, tätig und schauend, deutend und fühlend, hat Lücken im einzelnen wie im Ganzen. Die
Dinge überraschen uns durch ihr Aussehen, sie nehmen eine unvorhergesehene Wendung, sie
bilden Situationen, zu denen sich kein ernstes Verhältnis mehr finden läßt. Bedeuten solche
Überraschungen und Grenzlagen unserer Weltorientierung im Ganzen für uns keine Gefahr, oder

haben wir die Kraft, dieser Gefahr gegenüber die Freiheit des Abstandes zu wahren, so finden wir sie – falls die näheren Bedingungen im Phänomen erfüllt sind – komisch.[44]

In diesem Zugleich gründet auch meine paradoxe Erfahrung von Komik und Lachen in Herta Müllers *Atemschaukel*. Wenn ich auch mehr dazu tendiere nicht zu lachen, so ist die Sehnsucht nach dem Leben größer, die Sehnsucht nach dem Leben, die die Widersprüche des Lebens auflösen kann, weil ich lebe, die Sehnsucht, die mich immer wieder dazu animiert, den Ernst fallen zu lassen. Denn „[n]ur wer den Anspruch des Ernstes nicht fallenläßt, fürchtet die theoretische Sprengkraft des Komischen, Kontingenten und Unernsten."[45]

Wie kann man den Ernst fallen lassen, ohne dem Leben seinen tiefen Ernst abzusprechen, ohne dabei die Dinge, wie sie wirklich sind, zu verleugnen, wie zum Beispiel den Hungerengel? Indem man tanzt, indem man tanzt: mit dem Kissen, mit der Teekanne, mit der Zuckerdose, mit der Keksschachtel, mit dem Telefon, mit dem Wecker, mit ...[46]

In der Geschichte von Paul Konrad Kurz *Der Papst tanzt* sagt der Komödiant Julian zum Papst: „Liebe und Geborgenheit [...] heißen gesellschaftlich Gewaltlosigkeit und Anarchie."[47] Nach einigem Zögern umarmt der Papst den Komödianten Julian. Bevor er sich dem Tanz anschließt, sagt der Papst:

> „ [...] Ich habe geredet, ich habe so viel gedacht. Die Worte haben meine Beine, das Denken hat meinen Leib alt gemacht, und manchmal denke ich, sogar meine Seele. Ich weiß von den Gefangenen, den Erniedrigten, den Verhungernden; ich weiß von den elternlosen Straßenkindern, ich weiß von der parfümierten und der stinkenden Gewalt. Ich kann die Welt nicht ändern, Julian. Ich kann nicht einmal die Moral auf meine Schultern heben. Ich bin ein alter Mann. Ich höre die Menschen leiden, und ich sehe den Erdkreis stöhnen. Ich möchte jung werden mit den Jungen, so leicht wie diese Armen, die in ihrer Armut tanzen können. Sieh dieses erleuchtete Zimmer, die Teppiche und Tafelbilder, die wir mühsam durch die Jahrhunderte retten. Ich möchte diese Mühe ablegen. Ich möchte leicht werden mit den Tanzenden, leicht werden mit dir. Ich will den Engel erfahren, ich möchte aufstehen zum Tanz."[48]

„Nicht wahr, ihr lebt doch alle gern."[49]

---

44 Helmuth Plessner: Lachen und Weinen. Eine Untersuchung nach den Grenzen menschlichen Verhaltens, zitiert nach Helmut Bachmaier: Texte zur Theorie der Komik, S. 112.
45 Uwe Wirth: Diskursive Dummheit, S. 52.
46 Siehe AS, S. 296f.
47 Paul Konrad Kurz: Der Papst tanzt. Zwei Erzählungen von Paul Konrad Kurz. München: Verlag Sankt Michaelsbund [1]1999, S. 8.
48 Paul Konrad Kurz: Der Papst tanzt, S. 19-20.
49 AS, S. 21.

Literaturverzeichnis

Primärliteratur

Kurz, Paul Konrad: Der Papst tanzt. Zwei Erzählungen von Paul Konrad Kurz. München: Verlag Sankt Michaelsbund ¹1999.

Müller, Herta: Atemschaukel. München: Carl Hanser ¹2009.

Twain, Mark: The Adventures of Huckleberry Finn [1885]. Penguin Popular Classics 1994.

Sekundärliteratur

Bachmaier, Helmut: Texte zur Theorie der Komik. Stuttgart: Reclam 2005.

Michail M. Bachtin: Literatur und Karneval. Zur Romantheorie und Lachkultur. Frankfurt a.M.: Fischer 1990.

Dragoste, Cosmin: Herta Müller – metamorfozele terorii. Craiova: Aius 2007.

Eco, Umberto: Vertigine della lista. Orio al Serio: Bompiano 2009.

Gerigk, Anja: Literarische Hochkomik in der Moderne. Theorie und Interpretation. Tübingen: Francke 2008.

Greiner, Bernhard: Die Komödie: eine theatralische Sendung: Grundlagen und Interpretationen. Tübingen: Francke 1992.

Hörisch, Jochen: O. Jahraus, Literatur als Medium, in: Arbitrium 24/2 (2006), S. 147-151.

Jung, Arlena: Identität und Differenz. Sinnprobleme der differenzlogischen Systemtheorie. Bielefeld: transcript 2009.

Kayser, Wolfgang: Das Groteske in der Malerei und Dichtung. Reinbeck: Rowohlt 1960.

Konradt, Edith: „Da komm ich nicht weg" Herta Müllers Deportationsroman *Atemschaukel* im Spannungsfeld von Historie, Biografie und Fiktion, in: Spiegelungen 5/3 (2010), S. 30-45.

Krause, Detlef: Luhmann-Lexikon. Eine Einführung in das Gesamtwerk von Niklas Luhmann. Stuttgart: Lucius und Lucius ⁴2005.

Kuhangel, Sabine: Der labyrinthische Text. Literarische Offenheit und die Rolle des Lesers. Wiesbaden: Deutscher Universitäts-Verlag 2003.

Kuhangel, Sabine: Literarische Offenheit und ihre Grenzen – Semiotik, Rezeptionsästhetik und die Perspektiven eines literaturtheoretischen Konzepts, in: Thuswaldner, Georg (Hrsg.): Derrida und danach? Literaturtheoretische Diskurse der Gegenwart. Wiesbaden: VS Research 2008, S. 111-123.

Luhmann, Niklas: Die Gesellschaft der Gesellschaft. 2. Bde. Frankfurt a.M.: Suhrkamp 1998.

Moeller, Hans-Georg: Luhmann Explained. From Souls to Systems. Chicago and La Salle, Illionois: Open Court 2006.

Pornschlegel, Clemens: Das Theater des Textes. Zum Konzept des Theatralischen bei Pierre Legendre. In: Gerhard Neumann/ Caroline Pross/ Gerald Wildgruber (Hg.): Szenographien. Freiburg: Rombach 2000, S. 365-387.

Räwel, Jörg: Humor als Kommunikationsmedium. Konstanz: UVK Verlagsgesellschaft mbH 2005.

Scheller, Wolf: „Was ich nicht schreib', frisst mich", in: Schwäbische Zeitung, Nr. 233 vom 9.

Oktober 2009, S. 14.

Schmidt, Jochen: Vielstimmige Rede vom Unsagbaren: Dekonstruktion, Glaube und Kierkegaards pseudonyme Literatur. Berlin: Gruyter 2006.

Sienerth, Stefan: Bilder der Deportation – ausdrucksstark und präzise. Einführung in die Münchner Lesung Herta Müllers aus ihrem Roman *Atemschaukel,* in: Spiegelungen 4/4 (2009), S. 333-337.

Wirth, Uwe: Diskursive Dummheit. Abduktion und Komik als Grenzphänomene des Verstehens. Heidelberg: Winter 1999. (Frankfurter Beiträge zur Germanistik; Bd. 33)

Verzeichnis der Siglen

AS: Müller, Herta: Atemschaukel. München: Carl Hanser [1]2009.

BEI GRIN MACHT SICH IHR WISSEN BEZAHLT

- Wir veröffentlichen Ihre Hausarbeit,
  Bachelor- und Masterarbeit

- Ihr eigenes eBook und Buch -
  weltweit in allen wichtigen Shops

- Verdienen Sie an jedem Verkauf

Jetzt bei www.GRIN.com hochladen und kostenlos publizieren

Ingram Content Group UK Ltd.
Milton Keynes UK
UKHW010813060623
422954UK00004B/344